Petit frère paresseux

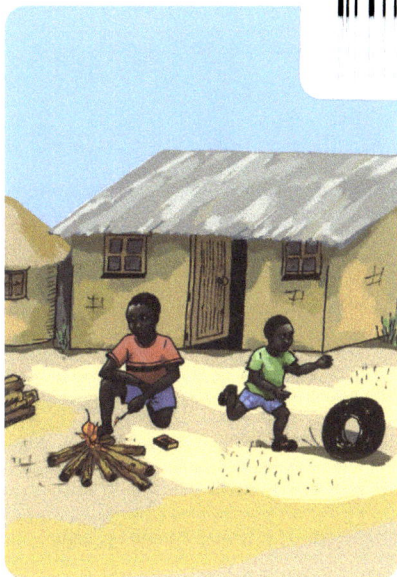

Par Clare Verbeek, Thembani Dladla
et Zanele Buthelezi

Illustrés par Mlungisi Dlamini et Ingrid Schechter

Library For All Ltd.

LIBRARY FOR ALL

DIGITAL EDUCATION · FOR THE WORLD

Library For All est une organisation australienne à but non lucratif dont la mission est de rendre le savoir accessible à tous grâce à une solution innovante de bibliothèque numérique. Visitez-nous sur libraryforall.org

Petit frère paresseux

Cette édition a été publiée en 2022

Publié par Library For All Ltd
Email: info@libraryforall.org
URL: libraryforall.org

Library For All tient à remercier tous ceux qui ont rendu possibles les éditions précédentes de ce livre.

African Storybook.org

www.africanstorybook.org

Illustrations originales par Mlungisi Dlamini et Ingrid Schechter

Petit frère paresseux
Verbeek, Clare; Dladla, Thembani et Buthelezi, Zanele
ISBN: 978-1-922849-82-3
SKU02861

Petit frère paresseux

Je me réveille
et j'allume un feu.

Je fais bouillir
de l'eau.

Je fends du bois
de chauffage.

Je remue le chaudron.

Je balaye le plancher.

Je lave la vaisselle.

Pourquoi est-ce que je travaille si fort...
...quand mon frère est en train de jouer ?

Vous pouvez utiliser ces questions pour parler de ce livre avec votre famille, vos amis et vos professeurs.

Qu'avez-vous appris de ce livre ?

Décrivez ce livre en un mot. Drôle ? Effrayant ? Coloré ? Intéressant ?

Qu'avez-vous ressenti à la fin de la lecture de ce livre ?

Quelle a été votre partie préférée de ce livre ?

A propos des contributeurs

Library For All travaille avec des auteurs et des illustrateurs du monde entier pour développer des histoires diverses, pertinentes et de grande qualité pour les jeunes lecteurs.

Visitez libraryforall.org pour obtenir les dernières informations sur les ateliers d'écriture, les directives de soumission et d'autres opportunités créatives.

Avez-vous apprécié ce livre ?

Nous avons des centaines d'autres histoires originales sélectionnées par des experts parmi lesquelles vous pouvez choisir.

Nous travaillons en partenariat avec des auteurs, des éducateurs, des conseillers culturels, des gouvernements et des ONG pour apporter le plaisir de la lecture aux enfants du monde entier.

Le saviez-vous ?

Nous créons un impact mondial dans ces domaines en adhérant aux Objectifs de développement durable des Nations Unies.

library for all.org